仕事に行ってきます ⑱
保育園の仕事
みゆきさんの1日

著:季刊『コトノネ』編集部　監修:大垣 勲男・野口 武悟

埼玉福祉会 出版部

内間(うちま)みゆきさんです。
沖縄(おきなわ)にある「つぼみ保育園(ほいくえん)」で、
「保育補助(ほいくほじょ)」の仕事(しごと)を しています。
18才(さい)のときから はたらきはじめて、
20年(ねん)が すぎました。

みゆき

しごと

ほいくえん

これが、みゆきさんの 1日です。

時刻	予定
午前6時30分	起きる
午前7時30分	家を出る
午前8時	仕事をはじめる
午後1時	休けい
午後5時	仕事を終える
午後5時15分	家に帰る
午後10時	ねる

午前6時30分

朝6時30分です。
みゆきさんが 起きる 時間です。

みゆきさんは、お父さん、お母さんと
3人で くらしています。

あさ

みゆき

おきる

まず 朝ごはんの 準備をします。
今日は スクランブルエッグを つくります。
ソーセージも やきました。

みゆき　　りょうり　　たまご　　ソーセージ

朝は 3人の家族 それぞれが、食べたい時間に
食べたいものを つくります。

みゆきさんは お母さんと おしゃべりしながら
ごはんを 食べます。

みゆき

たべる

ごはん

顔をあらって、歯をみがきます。
着がえたら、家を出る時間まで、
自分の部屋で テレビを見ます。
少し ボーッとします。

みゆき

みる

テレビ

午前7時30分

家を出る時間に なりました。
「行ってらっしゃい」と、お母さん。
「行ってきます」と、みゆきさん。

おかあさん

みおくる

みゆき

15分歩いたら、保育園に 着きました。
ここが みゆきさんがはたらく 保育園です。
0才から 小学校に入学するまでの
子どもたちが 通っています。

みゆき

つく

ほいくえん

みゆきさんは、リュックをおくと すぐに
子どもたちの 部屋に 向かいました。
みゆきさんは りす組を 担当しています。
りす組は 1才の 子どもたちが
通っています。

みゆき　　　おく　　　リュック

部屋からは、元気な 子どもたちの声が
ひびいています。
この部屋には、ひよこ組の 子どもたちもいます。
ひよこ組は、0才の子どもたちが います。

みゆき

いく

へや

午前8時
ごぜん じ

さぁ、仕事が はじまります！
し ごと
みゆきさんは まず ほかの組の
くみ
子どもたちの 飲み物を 準備します。
こ の もの じゅんび

みゆき

じゅんび

みず

その後、ろうかを そうじします。
保育園は せいけつさが 大切です。

みゆきさんが、立ち止まって、手をふりました。
「おはよう、ともちか」と、みゆきさん。
次々と、子どもたちが 登園してきます。

みゆき

そうじ

ろうか

タオルをたたんだり、
コップをあらって飲み水を入れたり。
みゆきさんは、テキパキと仕事を進めます。
時間によって、やる仕事が
決まっています。

「お水屋さんでーす。
　お水を 飲みに 来てくださーい」。
りす組の まい先生が 子どもたちに 声をかけました。

みゆきさんは 決まった仕事の 間に、
子どもたちの保育も 手つだいます。

みゆき　　ほいく　　こども

雨がふったので、今日は
プレイルームで 遊びます。
新聞紙を ビリビリやぶったり、
丸めたり。

何を はじめたのでしょうか。
魚つりです。

「子どもたちの
　笑顔を見るのが 好きです」と、
みゆきさん。

みゆき

すき

こども

えがお

園長の 赤嶺恵子先生が、話しかけました。
「みゆきちゃん、調子はどう?」。
赤嶺先生は みゆきさんが 特別支援学校 高等部のとき、この保育園で 実習しないかと さそいました。

あかみね　はなす　みゆき

子どもが好きだったので、
「保育園だったら、
　がんばれるかなと 思いました」と、みゆきさん。
実習をした後、そのまま はたらきはじめました。
みゆきさんは 18才でした。

みゆき

はじめる

しごと

保育の仕事は 子どもの様子を 見ながら、
やることや順番が、かわります。
さいしょ、みゆきさんは
1つの仕事が終わると、
次に 何をすればいいか わかりませんでした。
自分から まわりの先生に
相談することも できませんでした。

まわりの先生は、みゆきさんが こまっていたら
「次は これをおねがい」と、
声をかけてくれました。

何年もかけて、少しずつ
みゆきさんは、仕事に なれていきました。

今、みゆきさんは、子どもの様子を 見ながら、
やることや順番を、自分で考えることが
できるように なりました。

何をするか まようときは、
「今、これをやって だいじょうぶですか?」と、
まわりの先生に 聞くこともできます。

プレイルームで 遊んだ後は、トイレタイムです。
その後は 絵本の読み聞かせを しました。
この保育園では、
しょうがいのある子も、ない子も
いっしょに 保育しています。

こども

すき

えほん

午前11時

給食の時間に なりました。
子どもたちを 見守りながら、
みゆきさんも いっしょに 給食を食べます。

みゆき

たべる

ごはん

ごはんを 食べたがらない子。
スープを ひっくり返す子。
なきだす子。

先生たちは、ひとりひとりの 子どもから
目がはなせません。

みゆき　みまもる　こども　たべる　ごはん

「みゆきさんに いろんなことを
　おねがいできて、助かっています。
　いない日は 大変です」と
まい先生。

みゆき　　まい　　きょうりょく

子どもたちが ごはんを 食べ終わりました。
みゆきさんは つくえや いすを きれいにします。
ゆかに落ちた 米つぶも、拾います。

 みゆき  ふく  つくえ いす ゆか

給食の後、子どもたちは シャワーをあびます。

それから、おひるねタイムです。

ひとり、またひとりと、ゆめの中です。

こども

ねる

子どもたちがねると、
急にしずかに なりました。

シーンとした部屋で、みゆきさんは
もくもくと そうじを つづけます。

みゆき

そうじ

ていねい

部屋を そうじした後、
みゆきさんは 階段も そうじします。

みゆきさんは 何年たっても、
仕事の手を ぬきません。
なので みんなから しんらいされています。

みゆき　　しごと　　ていねい

午後1時

ようやく みゆきさんの 休けい時間です。
べつの部屋で休む 先生も多いですが、
みゆきさんは、子どもたちといっしょに
ねます。

みゆき　きゅうけい

午後2時
きゅう　　　じ かん　　　　お
休けい時間が 終わりました。
こ　　　　　　　　　　　　　　　　　　　　　　お　　　　　じ かん
子どもたちも ひるねから 起きる時間です。
こ　　　　　　　　　　　お
みゆきさんは 子どもたちを 起こします。

みゆき

おこす

こども

「ジリジリジリ！」。
急に大きな音が、鳴りました。
放送が 入ります。
「じしんが 発生しました。
　安全な場所に ひなんしてください」。
みんな 急いで、遊具の下にかくれます。

みゆき

こども

かくれる

この日は、1カ月に1回ある ひなんくんれんでした。
また放送が 入ります。
「調理室から かさいが 発生しました。
　落ちついて わんぱく広場に ひなんしてください」。

じしん

かさい

ひなん

くんれん

みんなで 急いで、わんぱく広場に
向かいます。
みゆきさんは ぼうさいグッズを 背負って
にげます。

みゆき

こども

ひなん

わんぱく広場に 着きました。
ほかの組の子どもも 集まっています。
この日のひなんは 3分がもくひょうでしたが、
2分38秒で できました。

みゆき　　こども　　ひなん　　おわり

午後3時

部屋にもどると、おやつタイムです。

みゆきさんは、お水とおしぼりを 運びます。
いそがしくても、みゆきさんはいつも
子どもたちを 見ています。

みゆき

みまもる

こども

「気をつけているのは、子どもたちが
 ケガをしないように することです」と
みゆきさん。
みゆきさんは 保育で 大切なことを
はたらきながら 学んでいきました。

みゆき　　せいちょう

まだまだ みゆきさんの 仕事は 終わりません。
この仕事は 体力もいります。

午後4時

午後4時に なりました。

みゆきさんは
保育を 手つだいます。
「いろいろな作業が
　終わった後に 子どもと
　遊ぶ時間が好きです」と、
みゆきさん。

みゆき

すき

あそぶ

こども

みゆきさんは この保育園で はたらきはじめて
20年が すぎました。
「あっという間の 20年でした」と、
みゆきさん。

みゆき　　すき　　ほいく

午後5時

午後5時に なりました。
みゆきさんの仕事は おしまいです。
でも、子どもたちは 7時まで すごせます。
子どもたちが なかないように、
みゆきさんは そっと 帰ります。

みゆき

しごと

おわり

43

15分歩いて 家に 帰ります。
花がきれいに さいていました。

みゆき

いく

いえ

午後5時15分

家に帰ると 夕ごはんです。
お母さんがつくった おかずを
食べたい分だけ 自分で お皿に入れます。
今日は、みゆきさんの好きな サケが
ありました。

みゆき

おかあさん

たべる

ごはん

45

みゆきさんは、外では あまり
おしゃべりしません。
でも 家では、お母さんと たくさん 話します。
「今日、ひよこ組の子が、はじめて
　歩いたよ」と、みゆきさん。

みゆき　　はなす　　おかあさん　　たくさん

ごはんの後は、おふろの時間です。

おふろからあがると、お父さんが
お酒を 飲んでいました。
家族で おしゃべりします。

みゆき

おとうさん

おかあさん

はなす

みゆきさんは、自分の部屋で
ねるまで 大好きなゲームを します。
何時間でも つづけられます。

みゆき　　すき　　ゲーム

午後10時
(ごご じ)

みゆきさんの ベッドのちかくには
「ドリームキャッチャー」が、
かざってあります。
悪(わる)いゆめを 見(み)ないようにする お守(まも)りです。
今日(きょう)も いいゆめが 見(み)られますように。
おやすみなさい。

みゆき

ねる

ご家族や、学校の先生といっしょにお読みください

内間みゆきさんのこと
暮らしのこと、仕事のこと

みゆきさんのこと

- 内間みゆきさん
- 1983年5月生まれ（41才）
- 特別支援学校高等部卒業（沖縄）
- 知的障害
- 好きなことは、ゲームをすること

みゆきさんの暮らし

- 住まいは、一軒家（父親、母親と3人暮らし）
- 食事は朝と夜は家で。昼は職場で用意された給食を
- お金の管理は、お母さん

みゆきさんの仕事

- 職場は、社会福祉法人恵福祉会 つぼみ保育園
- 仕事は、保育補助業務
- 働きはじめてから、23年目
- 雇用保険、社会保険がある

※2024年11月時点

どうして保育園で働くことになったんですか。

高等部のときに、最初はケーキ屋さんに実習に行きました。でもついていけなくて…。子どもが好きだったので、保育園だったらがんばれるかなと思って、実習に行くことにしました。そのまま働くことになりました。

高等部のとき、生徒会長をされていたと聞きました。

先生からやってみないかと言われて…。あまり自分から話す方ではないので、ちょっと迷ったけど、やってみました。

最近はまっているものは、ありますか。

韓国のアイドルグループ、BTSのJIMINが好きです。もともとはSMAPの香取慎吾が好きだったんですが、SMAPはやめてしまったので…。そんなに音楽は聞かないけれど、スマホの待ち受けにしています。

休みの日にはどんなことをしますか。

前は友だちとカラオケに行ったりしていました。森昌子さんの「十九の春」とかを歌います。お母さんが歌っていて、自分も歌えるかなと思って。あとは、髪を染めるのも好きで、昔はオレンジ色にしたこともありました。最近は、家でゲームをしたり、お母さんと買い物に行ったりします。

〈読者のみなさんへ〉
- ● あなたはこの仕事について、どう思いましたか？
- ● どこがいちばんおもしろかったですか？
- ● それはなぜですか？

保育園の園長
赤嶺恵子さんの話

障害のあるなしに関わらず、園児を受け入れている保育園です。

つぼみ保育園は、1978年に開園しました。わたしの娘も知的障害で生まれたので、開園以来障害のある子どもも受け入れてきました。これまで断った子どもはひとりもいません。
娘が通っていた特別支援学校の高等部でPTA会長をしていたつながりで、生徒会長だったみゆきちゃんと知り合いました。子どもが好きで保育園で働くことを希望していると聞き、うちの保育園で働いてもらったらと思いました。実習をへて、2002年から、保育補助として働いてもらっています。障害があっても、ちゃんとお仕事できるということを、職員も保護者の方もみんな、みゆきちゃんの姿を見て、わかってきていると思います。

「みゆき姉ちゃんがいい」。

はじめのうちは、どのクラスが合うかを見るために、いろいろな年齢のクラスに入ってもらいました。大きい子どもたちだと、口が達者になってきます。みゆきちゃんは内気な部分もあるから、年齢が高い子どもより、小さい子の方が合っていると思って、1歳の子どもたちのクラス「りす組」の担当になってもらうことにしました。それからずっとりす組です。
いっしょに働く先生には、まずは言葉で言うだけではなく、いっしょにやってと、お願いしました。途中でくじけてしまったら困るので、1つずつ覚えて、やってもらって。やる気が起きるようなかたちで、楽しみながらね。そうすれば、自信がついていきます。
みゆきちゃんは怒らないから、毎年必ず「みゆき姉ちゃんがいい」と、みゆきちゃんが大好きな子がいますよ。

りす組の担任
野原麻衣さんの話

みゆきちゃんを、信頼しています。

みゆきちゃんは、とっても真面目です。几帳面だから何かお願いすると、それはもうきれいにやってくれます。毎年クラスの担任は変わりますが、みゆきちゃんは、ずーっとりす組の専門でいるので、どの職員よりもりす組のいろいろな業務を知っているベテランなんです。だからみゆきちゃんがお休みの日には、みんなでみゆきちゃんのありがたさを感じるねっていつも言っています。

最初のころは、決まった仕事が終わった後はどうしていいかわからないで、ただ立っていることもありましたが、ここ何年か見てると、自分なりに考えて動いてくれていて、すごく変わりました。ただ、いつもやっている仕事でも、たとえば、洗濯機のフィルターが詰まってしまったときに相談できないなど、まだそういう消極的なところもあります。

指示は具体的に伝えるようにしています。

子どもを見てもらうとき、とくに気にしてほしいことがあるときは「転ばないように」とか「口に入れないように見ててね」など、具体的に伝えるようにしています。お願いしている間も、みゆきちゃんひとりに完全に任せるのではなく、わたしたちも見るようにしていますね。たとえば、子どもが転んでしまったときに、どういう感じで転んだのかをみゆきちゃんが説明するのは難しい。子どもたちの安全もそうですし、何かあったときにみゆきちゃんが困った立場に置かれないようにすることは気をつけています。これからも、大好きな保育の仕事を楽しんでほしいなと思います。

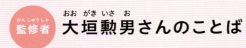

監修者 大垣勲男さんのことば

社会福祉法人 伊達コスモス21 理事長

　つぼみ保育園には保育補助というお仕事があるのですね。読者のみなさんには珍しい領域のお仕事ではないでしょうか。保育園は、子どもたちが親と離れ集団の中でいろいろなことを学び成長をするところです。その成長と変わっていく姿を身近に見られるみゆきさんのお仕事はステキなお仕事だと思います。

　みゆきさんの1日のお仕事の紹介によって、保育園には飲み物の準備やあちらこちらのお掃除、給食の後片づけやおやつの準備など、子どもたちといつも向き合っている保育士さんの仕事以外にもたくさんあることがわかります。そして、「みゆきさんがいない日は大変です」という、まい先生の言葉からもみゆきさんの仕事がとてもつぼみ保育園の役に立ち、みゆきさんが必要とされていることがわかりますし、何年もかけてみゆきさんが保育補助として成長してきたこともわかります。

　ところで、みゆきさんが保育補助として20年も働き続けることができたのは、子どもが好きだったからという理由だけでしょうか？　きっと赤嶺園長先生や、りす組担任のまい先生たちのみゆきさんの働く力に合わせた配慮があったからではないでしょうか。どんな具体的な配慮があったか、この本を読み返して考えてみませんか。

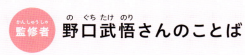

監修者 野口武悟さんのことば

専修大学 文学部 教授

　この本は、LLブック『仕事に行ってきます』シリーズの18巻めです。今回は、保育園で保育補助として働くみゆきさんが主人公です。みゆきさんの仕事ぶりはいかがでしたか。このシリーズでは、これまでに18の仕事と、そこで働く障害のある人たちを紹介してきました。このシリーズが、いろいろな仕事を知ったり、働くことの意味を考えたりするきっかけになるとうれしいです。特別支援学校のキャリア教育でも、ぜひご活用ください。

　さて、この本は、LLブックという形態で作られています。LLは、スウェーデン語のLättlästの略語で、＜読みやすくて、わかりやすい＞という意味です。知的障害のある人や外国にルーツのある人はもちろん、誰もが読みやすい・わかりやすい本がLLブックです。

　文部科学省は、2024年10月に「図書館・学校図書館の運営の充実に関する有識者会議」を設置しました。令和時代にふさわしい図書館・学校図書館のあり方が検討されます。この会議の「論点」の1つには、障害者や外国人などの多様な人々の読書環境の整備も掲げられています。LLブックの充実など、読書から＜誰ひとり取り残さない＞図書館・学校図書館をめざした取り組みがいま以上に進むことを願っています。

著者：季刊『コトノネ』編集部
【編集企画・文】
里見 喜久夫（編集長）
平松 郁（編集者）

【デザイン＆イラスト】
小俣 裕人（アートディレクター）

写真：繁延 あづさ（カメラマン）

監修者
大垣 勲男（社会福祉法人 伊達コスモス21 理事長）
働くことの意味や障害のある人の生き方についてアドバイス
野口 武悟（専修大学 文学部 教授）
わかりやすい表現手法についてアドバイス

仕事に行ってきます⑱
保育園の仕事
みゆきさんの1日

2025年3月25日 初版第1刷発行
発行者 並木則康
発行所 社会福祉法人埼玉福祉会 出版部
〒352-0023 埼玉県新座市堀ノ内3-7-31
電話 048-481-2188
印刷・製本 恵友印刷株式会社

同時発売！

仕事に行ってきます⑰
空港の仕事
大晴さんの1日

仕事に行ってきます プラス4
まだまだ学びたい

この本のように、やさしく読みやすい表現をつかって書かれた本のことを、LLブックといいます。
LLブックの既刊やバリアフリー用品はサイフクホームページへ！

https://www.saifuku.com/

LLブック